談眞著

文史哲詩叢

土地的眼睛

文史哲出版社印行

出走的眼睛 目錄

序

商禽

當你置身於油桐花樹下，花朵隨風飄墮，不但落在路上、石階上、小溪中，而且落滿你一身，你將如何讚嘆？你會只說一個「美」字便了事嗎？不！因爲有人將之寫成詩篇。這個人便是女詩人談眞。

詩人談眞，雖然詩齡尙淺，但寫詩的熱情卻強過許多人；學習和創作的態度也非常認眞，而且成績可觀。現在就要出版她的第一本詩集了。找我寫序，我雖然最怕寫序，感於她的眞誠才答應下來。

細讀其詩之後，發現她雖還未建立自己獨特的風格，但大多的作品都結構完整，佳句不斷湧現。而最大的特色，是她對自然的愛好；是一個美的事物的追求者。詩集中一半以上的作品都在寫花：紅櫻、油桐花、玫瑰、相思樹、木棉樹、向日葵、荷花等等。她所寫的不僅是花的美，她寫的是花與環境，與人的互動，以及自然生命的底蘊。像「油桐花」中

……
我俯身捧起滿懷的溫柔
油桐花繼續隨風飄落
落在枝上
枯枝開了花
落在蛛網上
蛛網開了花
拂過蜷曲的髮稍

彎彎的月眉
細細的長睫
唇一樣的花瓣　吻在
花一樣的唇上

此詩不但表現了油桐花賦枯朽以生命，還與作者的形象相互對照。而在「紅櫻」一詩中，詩人又與花產生另一種互動，彷彿莊子夢蝴蝶

是你的視線牽引著我
還是我牽引著你
……

到最後，詩人自己乾脆將自己化身爲花。

只覺花樹旋轉乾坤
我是掉進藍天的
一朵紅櫻

談眞有一首短詩——「青苔」，語句精簡而意象豐富。

人
在樹林
唱
成一隻鳥
在水中
游成一條魚
在石上偎成一片青苔

詩中「什麼」「怎樣」成「什麼」，運用靈活至此，亦難得。

談眞寫詩的內容當然不僅如此，還有懷人、親情、環保、關懷生命等題材；旅遊、觀光時，每遊必有詩，教人佩服。

談眞還寫「散文」，「鑽石樹」便是。她把自然界中的樹的水珠與貴婦手上珠寶相比，形成一種反諷的效果，很難得。

另外，談眞還寫了些「超現實」手法的詩。如「牆」

那道牆長滿耳朵
一說話耳朵就豎起來
一唱歌耳朵尖起來
我變成沒有聲音的人
那道牆住了許多眼睛
……
那道牆長了好多隻手

有的推我向前
有的拉著我不放
……

全詩分四節，行數不等。「隔牆有耳」雖是一個諺語，但有眼有手就充分運用了想像。

她酷愛自然，以花、鳥、蟲、魚詮釋並印證生命的奧祕的詩，卻生活在「都市的水泥叢林」裡教她如何不讓「眼睛出走」，到海邊、到山林，去搜尋、去狩獵自然之美，並以之編織成滋養心靈的風景。

愛詩十得獻給親愛的書友

○奧瑪雪瑞夫主演的齊瓦哥醫生，詩人的神情與氣質，著實令人嚮往，找尋他的足跡面對玻羅的海，琥珀清明如嬰兒的眼睛游移在眞幻與虛實的情境。追逐白楊樹林映射之浮光閃現，詩的火焰油然迸發。

○打開心靈的窗，讓陽光、空氣進入最幽黯深沈的角落，醒覺垂死的天鵝，伸經展翅，躍身起舞，越過山林河川，深入藍天，令人驚豔。

○萬物相通，人大可不必侷限於用口鼻呼吸，以頭以足均行，尚可學龜息之大法，同樣的，樹可以走路，人可以是山，心理健康而身體快樂，高潮可迭起，顚峰不只一個，詩富創意，使人拍案叫絕。

○自然就是禪，以童雅的眼睛看世界，最直接、自在，也最富禪意，人工造景是禪的遊戲，不是禪。

○美麗須要幻想，情人的步履踩著快樂的行板、山櫻是麗人出遊的小傘，五月雪是天使的翅膀，溫泉是你千手的擁抱，詩人的想像，使生活空間變得寬廣，平凡成爲綺麗。

○有光就有生命，生命之珍貴在於性靈之修爲，詩乃性靈之光，有詩，人就有呼吸、有溫度、有熱情、有手采。

○與陽光接線，與月光柔情相對，有付出就有希望，人間有愛，讓愛去流動，以愛心幫助別人，也讓別人幫助自己，「愛」是「詩」最大的資源。

○大自然是翻不完的書，它映射著一切生命現象，隨著自身經歷的增加，所得到的就愈多，大自然沒變，變換的是自己，詩雖寫景，其實是寫自己。

○詩寫自己，且讓自己過著詩意的生活，不要預設未來，只要不斷內觀自省，補綴各個缺口，一切就會圓融自足，所謂存正念，得善緣，結善果。

○讓眼睛出走，追著水花翻滾跳躍，乘著鳳蝶翅翼飛舞，把玩滿天珍珠，坐擁大地靈氣，看花即是花，本樹即是樹，然後一切都凝住，慢慢地，無住無不住，無大無不大，沒有時間、沒有空間，花不見了、樹不見了、心也不見；只有眼睛繼續出走。

衷心感謝商禽老師以超現實之手，當頭棒喝，使我自剔自勵並作序文，周公夢蝶以「菊花」之清之靈為我催生，書家杜忠誥老師以其名筆幫我題字，精采非凡，詩家也是畫家的碧果先生替我作插畫。扶輪社劉家成社長對藝文的推廣與支持，再申謝意，千萬個祝福。

出走的眼睛

紅櫻

是你的視線牽引著我
還是我牽引著你
你總是有意無意迎面而來
環繞整個山城的紅櫻
宛如麗人結伴出遊
毗連的粉紅小傘　由
山坡上迤邐而來……
走近眼簾
所有美麗的　悲壯的
　甜蜜的　淒楚的故事

一幕幕由此展開　終結
又重演
雙眼繼續咀嚼芬芳
點點滴滴地饜足一罈老酒
只覺花樹旋轉乾坤
我是掉進藍天的
一朵紅櫻

裸體之櫻

裸體之櫻撐開雙手
吐納虛空
靜靜的夜
地球心在跳
星兒踡伏腳邊
細雪飄來暖身
地熱騰升成火焰
子宮溫度愈來愈高
新櫻即將探出頭來

油桐花

油桐花隨風輕輕地飄落
落在溪澗上
一支支小花傘
帶著溪水流到濃蔭深處
落在上山的小路
我俯身捧起滿懷的溫柔
油桐花繼續隨風飄落
落在枯枝上
枯枝開了花
落在蛛網上

蛛網開了花
拂過捲曲的髮梢
　彎彎的月眉
　　細密的長睫
唇一樣的花瓣　吻在
花一樣的唇上

相思樹

相思樹開著
黃色絨毛球形小花
渾渾沌沌飄落
與大地揉和成泥
順著山坡
綿延成一片黃土地
黃土地呀黃土地
帶你走進中華故土
走進時間的牆
馬蹄踏出煙塵歲月

如夢的甬道
多少帝王掌握了僵繩
卻握不住生死
唯有幾百年前的黃泥磚
繼續承載厚厚的經卷書帖
過客們乘著白駒跨越歷史的長流
似雁落斜影疾疾溯回原點

長相思　在長安

木棉樹——深坑所見

行道旁的木棉樹
是昂頭挺胸的英雄
背光短枝
浮現記憶的影子
你張開雙臂
赤裸裸的宣誓
努力撐起一片自己的天空
身上刺疣
是不容輕侮的標記
一路走下去

望不見路的盡頭
只見冬日最後一隻伯勞
踞在高高枝頭
瞭望山顛
嫩豆腐般的白雲

山景

一

伸手就是一棵樹
雲和霧在指掌間穿梭
深林透進光影
召喚記憶中永恆的陽光
迴繞山谷的歌聲
激增漿果爆開的體溫

二

一陣風從谷底升起
吹翻炮桐葉子
豎起白色衣領
你闔上雙唇不再歌唱
唇樣的花瓣紛紛飄落
松鼠溜過花徑帶走漿果

一座無言的山丘
把風景看成春
看成秋

碧果89.

青苔

人
在樹林
唱成一隻鳥
在水中
游成一條魚
在石上偎成一片青苔

鵲鳥
在岩石上清唱
魚兒

在石縫中嬉戲
春風更是
吹開綠色羅裙

附：石頭物語——苔石

樹戀著鳥，鳥戀著樹，沒有鳥聲的樹林，多麼落寞和空洞，人在樹林中，恣意歌唱，盡情舞蹈，宛如一隻快樂的鳥。

人在水中，水的浮力使人輕巧自在，與水貼心溫柔的擁抱，悠遊其間，如魚之忘情。

粗糙的石頭，與人一樣會呼吸，雖然沈默不語，然而堅定不移，足可信賴，依偎在石上，如一片青苔，氣息相通，密不可分。

那方岩石，藏身於濃鬱綠蔭，有鵲鳥在枝頭唱和著，有魚兒穿來穿去，在石縫中追逐嬉戲。春風更是吹開伊人的綠色羅裙，披灑在石上，成爲渾然一體的苔石。

鑽石樹

昨夜一場雨，松針拈上水珠，晨曦初透，星星都趕來參加世紀末交會。

戴鑽戒的女人，怔怔地看了半晌，閃閃發亮的樹，帶她走過黃金夢鄉，手上的戒指頓覺黯然無光。真正的珠寶，嵌在天地視窗。

向日葵

山坡上照眼的黃　是
跳出畫紙的太陽
如果一生就像一天
月光、星光都不是
愛的光芒，惟有
炙熱的陽光
方能睜開我緊閉的眼簾

就像一千零一夜的故事
每個夜晚我

編織夢想的毯子
飛越黑沉沉的森林
直到天明你溫熱的手托起我的臉頰
於是我回報你
燦動整個山頭的歡顏

玫瑰

指揮家的手
是風中擺動的花朵
小河輕唱美麗的夢
波光閃耀流逝的琴音
翠鳥貼近蔚藍水面疾速飛行
又俯衝入水啄取銀白小魚

當鬥牛士的劍刺進哀傷的心
卡門拋出了玫瑰
一層層的擁抱

隨著豔麗舞裙旋呀旋
玫瑰淌出鮮紅的血

古井

那天太陽腳步移至古井
將自己沐於清淨的水中

少女來到古井邊
看見蝶兒上下飛舞
驚訝陽光反照的耀眼
轉身一看
石縫間酢醬花草正怯怯顫動
少女跟水面的自己會心而笑
隨即將細緻紗裙擺開

繞著古井
旋成一隻紫金色的蝴蝶

朝 霧

朝霧籠罩整個山腰
盆地之城走進幻境
晨曦初透映射幾許光影
美麗如我錯失的愛情
那麼遥遠
偶爾又似浮光閃現眼前

溫泉

唯有你千手的擁抱
我的血液奔騰
由外而內
由裡而外
一吋吋與你相溶

不斷湧現的泉
在森林在幽谷
楓熱情的向我招手
傾聽你熱情脈動
總是美麗的期待

緣

當凝目相視時
我們都找到
自己的缺口
似鐘乳石柱
是千年萬年的渴望

香精

韶光飛逝
容顏易老
當一切繁華散盡
你仍擁有
擁有我
玫瑰的芳醇

琥珀

斑駁的樹幹下，飄溢著陣陣松香。
機靈的松鼠，閃躲追逐。
在時晦時明的樹叢裡，
不識大樹底下隱身的珍藏，
千萬年醞釀而成，
既非瑰麗，亦不耀眼，
溫柔的一望
就似前世深埋的種子，
在今生的重逢，
迎來滿目的似曾相識，

無數次夢醒之際，
幻想著千古不變的熱情，
唯恐加溫之後，
妳的晶瑩驟然而褪，
且讓所有的澄淨提昇。

靜心的化石，
隱身在大樹底下，
在時晦時明的樹叢裡，
松鼠繼續追逐，
松香陣陣飄溢。

琥珀的故鄉

踩著柔細潔白的沙灘
琥珀的故鄉溫存看著我
手中的琥珀
拉我到另一個海
夢幻與真實
兩個海　彷彿
鏡中的我　與
真實的我
相互游移著
偶爾一兩隻海鳥

飛越海面
佇足淺灘
倏地又斜掠而過
海浪一波席捲一波
琥珀中封閉千萬年的昆蟲
屏息等待海潮歸來

冬天荷花池

荷花不見了
凌波而來的
自然凌波而去

走近生命底蘊
一株無花無果的殘枝
水鳥漫步池中
啄取蚌殼埋藏的記憶
顏面擱淺在夢的窗口
似醒非醒的珠光明滅於葉層階梯

隱約從嘴邊輕舒一聲呼喚
翻飛的塵粒歸來沐浴
撒下我因緣的種子
吐納錦繡心象　舐舔悲憫情絲
謎樣的魂倚在白色水鳥撲起的翅膀

荷花在哪裡？
在淤泥、風中
在卵形的宇宙

一盆小小的月季花

一盆小小的月季花
承載著無限溫馨
彷彿是四十年前臨行的叮嚀
我小心叮護著
並細數月季的花期
只是故鄉的母親
卻一再重數兒子的歸期

一盆小小的月季花
搖曳在微風裡

牽動我的眼我的心
當楓紅般的嫩葉繼續滋長
我將擁有大朵大朵的月季花
母親的臉
依稀掩映在盛開的月季裡

（讀丁文智先生「一盆小小的月季」一書有感）

書法與芭蕾

讓筆尖與足尖共舞
放下一切雜念
感受筆與紙的碰觸
一圈又一圈旋呀旋
人生聚散不就
如此環環相連
舞者的步履
且行且留
不想輕易滑過
細細咀嚼生活的苦澀

偶爾縱身一躍
離開舞台跳脱塵寰
再悄悄落下
延伸另一個起伏
舞者繼續舞著
忘了時間　忘了身軀
只剩一點心靈相繫
然後漸漸顯影
成為千古尋求的生命軌跡

伊水一方

抑

是伊水滋潤了伊闕
伊闕石雕美化了伊水
伊水流出過去與未來
往復迴盪的槳
划出大大的方筆
抬高了漢隸
塑造了唐楷
是文字記載佛
還是佛寫下文字
我們睜大眼睛望不盡

千佛萬佛
佛雙目半闔結跏趺坐
卻了然於心
八月艷陽天
頓時興起朵朵祥雲
好一片清涼國度　在
伊水一方

後記：龍門舊稱伊闕，龍門石窟臨伊水而建，造像記以北魏方碑爲主

觀扇記

一個扇面一幅風景
只是美人持扇那幅卻難再見
舉手娥眉扇子美成一抹輕霧
遮掩不勝嬌羞與欣悅

一個扇面一幅風景
只是母親持扇那幅永遠不見
懷中兒女隨著扇子輕拍
緩緩探問星星的故鄉

彷彿輕輕一晃
一個扇面一幅風景
自然僵在透明的視窗
我繼續徘徊

編織風景線——教師生涯

那球絨線
你編織多久
它就有多長
織就的風景鮮亮活躍
總有糾纏不解的時候
線是不能斷的
唯有讓粉筆
在黑板上發出啄木鳥的聲響
塵灰揚起
是紛飛的細雪

將我烏黑的頭髮染白
且讓時光倒轉吧
搭乘幽暗的地鐵
奔向晨曦照海的城
我輕盈的足跡
將那條風景線拉長……

走出玻璃小鞋

瓜架上的小南瓜
不給人瓜的聯想
大地埋下熱情的種子
南瓜一身的紅豔
點燃灰濛原野
照亮我記憶的窗

夕光穿過園林
追逐金色馬車
馳近殿堂石階

來到我們面前
你拉起我的手
帶我滑出美麗的舞步

驚悚鐘響十二下
夢幻南瓜將離我而去
我倉惶走出
走出被玻璃囚禁的小鞋

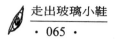

天鵝湖

——觀謝明順教授攝影展有感

且讓天鵝繼續飛舞
速度和時間競逐
待我吹氣成雲
果然暮色襲來
天鵝縱身一迴成王子
森林中的古堡
比童話更童話
長髮少女
　　面色如玉

生命在編織的條紋中
　　顫動……
楓葉紅上了藤蔓
誰言愛到極限即是無悔
近乎屏息的默禱　在
夢與醒的甬道
　　閑闔之際
閃現生命的光輝

附記：觀賞謝膾順教授之「造境攝影展」——深深體會「速度代表時間，光圈塑造空間」之涵義，其巧妙之運鏡，使每幀作品有如生命般靈活，帶我們進入各種不同的境界與感受，特此一誌。

口袋書

袖珍的智慧結晶
若信物般靈巧
直教人捧在手心
　　藏在懷裡
一種幽會的心情
我珍惜與你相見的時刻

寂寂的人生行旅
有你相伴
任它

夜來風雨蕭瑟
粧奩曉鏡見霜侵
你始終是我的依賴
千言萬語
化作雋永的詩句
我一路吟唱著
你是藏於我胸中的玫瑰

斜掠楊枝的燕影

微醺之後
便踏上銀河
欲遨遊雲霄之外

清涼的陣雨
潑洒醒酒甘霖
使我又回到人間的湖
斜掠楊枝的燕影
挑起我遺忘的弦

湖上的月
彷佛我深深柔情
隨　潮落而缺
　　潮漲而圓

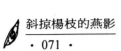

他的身影
——悼念一位詩友

他的身影消失在人潮波動的書街
人潮波動的書街彷佛見到他的身影
他的身影越行越遠
越行越遠的身影終究消失在人潮波動的
書街

翻開他的詩頁　只見
無限的迷失走進他深邃的眸子
那夜

他意興飛揚的讓街燈將身影拉得好長
因為他知道
在字裡行間雕塑自己永恆的影子
就像胸前的金鈕扣
閃閃發亮

我的島

打開心中的鳥籠
一群鷗鳥隨著船隻飛舞
光影映照明鏡般水面
四周瀰漫清新自由的空氣
我們正划向神祕的島

看似平靜的海面卻有暗潮
面臨暗潮更能察覺光的亮度
我閉攏雙眼
吸進滿胸藍天

你強壯的手臂正擺動櫓槳
奮力划向我夢幻的島

夢圍著島
島圍著夢
夢在風中招手
風向船隻招手
雙槳正全力划向美麗的島

楚戈畫梅

歧出的枝枒有歧枝
歧枝之外又有歧枝
探索的腳步
且行且走
一度走到路的盡頭
在失血的邊緣
蛻變為火鳥騰升
奪回那朵紅梅

元宵節

小時候元宵節
提著燈走成一條發光的河
漫遊在竹林曲徑
窺探白日不敢碰觸的黑暗
只因身邊一盞燈

不是提燈的年齡
幽昧的路卻走在前面
內心的光漸趨微弱
何處去找尋一盞燈

今年元宵節
你教我製作花燈
當燭火點燃
原來他在
燈火熠熠處

商禽不見了

一陣狂風吹來
鳴沙山十萬沙粒齊鳴
你搔搔耳朵　耳內
耳鳴器兀自響著
揮走蚊子般揮掉沙粒
接著閉起雙眼
隱身在漫漫沙霧中
（長頸鹿伸長脖子瞻望）

你踩著平板足上華山

一朵青蓮飛在高峰
上山的路美麗又險奇
生命的渦流懸宕於刀削的峭壁
透支的腳印回到它們的臥榻
嗜睡陳摶何時起身？
那朵蓮開在鼾聲起伏間
（穿越夢或者黎明到來）

車窗外瞥見卡其布衣背影
踽踽獨行在仿唐古街
他停下腳步仔細端詳
一只白磁水滴
彷彿為失散的孩子驗明身份
腋下夾著一疊拓帖

一疊可以煮詩的拓帖
讓詩句在墨香滿溢中飛兔
（用腳思想的人終究不來了）
唐代仕女好寂寞

後記：大陸西北行出發當日商公整裝至機場，旋因旅行社未辦妥證件手續，致無法通關成行，團員們引以爲憾，特此記之。

兵馬俑

溫良車開進夢的甬道
古戰場箭簇竄發
起落瞬門
鎧甲散落成片片書簡

始皇握空生死
時間僵在攬轡御手
車輪空轉兩千年
兵馬俑活出歷史

繪有希臘神話的傘

傘
撐開了希臘的天空
丘比特射出金箭
原野在奔跑
月桂樹蔭
藏有一顆炙熱的心

強風豪雨
傘襲捲成船
掌舵的雙手奮力一推

彷彿舉起整個穹蒼
風迷失方向
雨放空行腳
傘的空間是愛人的距離

白色風衣

沿街找尋花彩顏色
卻在路口轉角處
被一襲白色風衣懾住

他站在高崗上
強風吹起風衣下擺
一張迎風的帆
是美麗的出航
探索生命的奧妙
天光、雲影、海潮之音、花木之氣

九曲橋踩不盡迂迴空間
鳥之撲翅、撩動枝葉末梢
一片葉子飄落……歸土
重返自然如此
極靜、靜寂、虛空
找回了自己　白色的身影
伸手托出滿園豆蔻
瑩亮的一季
顫動在春日午后

猩猩

猩猩躍上樹枝
笑開的天空是
倒懸的眼睛

空中飛人縱身一躍
遊客屏氣睜大眼睛
仰三十度角　看
一百八十度旋轉的天空

猩猩伸長手臂盪向另一棵樹

光禿禿的樹枝
發出伊啞的聲響
握緊兒女的雙手是
童年牽父母的小手

隔著深深的壕溝
人的掌聲與猩猩的掌聲應和
空中飛人的鞦韆繼續擺盪

大象

不具斑斕的皮表
亦非威猛的咆嘯
只見牠一步步
穩重的走來
虎豹自嘆弗如
鼠狼紛紛走避
沒有暴力
沒有狡詐
牠是和平的使者

魁偉的體魄
蘊涵溫和的情性
不齒獵物的凶殘
只是快樂地咀嚼草香
無比的威力
卻漠視王冠的尊崇
悠遊於山林野地
沒有血腥　沒有紛爭
牠是環保的先知

鬥牛

鬥牛士揚開斗蓬
燃燒一團團的火焰
那頭牛著魔般狂奔過去
即將擦身當口突然轉彎　凌空而去
是地獄之火？修行的關卡？
往往使用假面掩飾自己
踢踢腳邊泥土厚實而柔軟
美麗的溫床如此接近又遙遠

場外保育團體大張旗鼓抗議

場內一條受傷的牛匐伏於地
火焰繼續揚升
殺戮戰場不談偃兵息鼓
鬥牛士無法上演獨角戲
牛隻再度搏身一站
踏上英雄末路
最後一劍狠狠刺進雙肩之際
血水從兩片花瓣之間流出　熄滅
飄浮的火焰

漸行漸遠的口哨聲

夏日早晨
輕快的口哨聲
拉開我湖綠窗帘
陽光嘩地照射進來

一陣涼風輕叩記憶的窗
冷卻的黃昏
單車上白衣背影消失在
漸遠的口哨聲

賞鯨

遼闊的海面
你伸出鰭肢和我們打招呼
空氣在陽光下欣然飛揚
露出的背脊是
一座座跳躍的小島
走進我內心的起伏波動
忽然你翹起尾巴拍打水面
遮住相機鏡頭
隨後潛入海中
深潛在自己體內

迴巡夢的邊緣
咀嚼蜉蝣物般品味生命
醞釀溫度如嬰兒眠床
酡紅微醺的情緒滿溢
你縱身一躍
嵌入鏡頭之內
身上那抹白似天邊積雪的山巔
照亮海的眼睛

後記：二〇〇〇年七月下旬遊加拿大於溫哥華島維多利亞乘快艇前往太平洋尋鯨，頗為驚奇，特以詩誌之。

美人魚（丹麥記遊）

無法跨越人魚之間那道鴻溝
美人魚憂傷的凝望大海
陽光穿透海面波紋照進心靈深處
我的愛是你聽不見的吶喊

風聲潮聲由海上升起
希望的花朵浮現海面
迅即散落成泡沫
緣起於海的愛情就讓它還給大海
維納斯的誕生是我美麗的等待

積薪

盼在烽火台上黑髮般飄升
活出生命
盼了一個、兩個千年
舞台簾幕不再拉開
趺坐成一塊白石

沙暴

風穿過沙粒聯綴一張網
網住的困獸
隨著翻飛如塵埃
等待呀等待
風定塵靜

尋寶記

任你多少誘惑
我也無意再走一遭——那寶藏之道

一個古老的傳說
來自會發亮的石頭
令人心醉的財富
舖陳一路的荊棘險隘
總是喚不回的訊息
也遮擋不住萬里的追尋

放眼望去
熙攘的鬧市
摩天樓群組成視野的無望
一排排密集的街車
擋成重重的遮攔
我亟欲覓尋一處通透的出口
萬里的追尋
挾帶狩獵的心情
屬於原始的煎熬——冷熱飢渴
如夢魂、鬼魅般的縈繞左右
唯有在夢中點滴甘露是我的溫存
至於冰寒徹骨的僵凍
卻是催人頻臨死亡

尋寶的途徑加速死亡的腳步
帶著宿命的不悔
驃捷的勇士把穩方向盤
踩足油門
無視前面累積的車數
一意要刷新創世的豪舉
盈耳流來英雄命運的樂章

網站

遊走網站之間
穿行雲層縫隙
綴聯欲飛未飛的雲朵
心靈版圖延伸整個天空

未上鎖的門
無法真正的觸及
不可曝光的真相
潛藏於指頭幻術
重重疊疊的顏面中

如何捧起一張真實的臉孔
美麗新世界
帶著羽翼飛行
閃著流星的光
什麼是歲月的體積？
且讓如梭的詩思編織時間

牆

那道牆長滿耳朵
一說話耳朵就豎起來
一唱歌耳朵就尖起來
我變成沒有聲音的人

那道牆住了許多眼睛
只要一舉手
眼睛就斜睨瞧你
一投足
眼睛就瞪圓著看你

我是被綁手綁腳的人

那道牆長了好多隻手
有的推我向前走
有的拉著我不放
我彷彿繞著迴旋門走不出去

當耳朵聽鈍，眼睛看花，腳走累了
只想安謐坐下來
牆是一張舒適的靠背椅

輪

從木的軸輪出發
繞過田莊、林野
留下泥土的痕跡
它緩慢前進
像老榕樹的年輪
一圈圈都是歲月

汽車的軸輪一來
世界穿上冰鞋與銀翼
作跨越、騰空、急旋

的運行
看見的只剩下一線
像銀光閃現的片羽
直飛漠漠的天涯

春日下關

關門海峽巨浪不斷翻滾
過去與現在交相疊影
汽艇帶來了清史李鴻章
一樣的春寒
空中傳來陣陣鴉啼
高低海潮匯流成深深漩渦
將人捲入不可測知的底限
春帆樓上不觀景
一艘艘戰艦揚長出航
竄改三國歷史的劇本挑燈編寫

談判桌上日軍大肆宰割、索賠
流落異國的墨蹟
孤獨又無奈
「咳…咳…咳」
心情總總　頻向痰盂傾吐
後記：下關即馬關條約簽署之地

風車山

頂著西班牙熱情的太陽
風車山遠遠跟我召喚
傳說中的巨人不復當年驍勇
強風日月摧損它的翅翼
永遠的騎士猶戴盔穿甲
隨風遊走山林
橡樹枝是他把握的武器
殘敗的牆是城堡孤絕的傲骨
一齣齣美麗的戰爭從此展開

轉動的風車
活在我的夢鄉
窗敲響風的聲音
風在窗口狂嘯
石磨蹲在裡頭傾聽
是唐吉訶德抑或
駝負麥香的馬蹄聲

挪威夏日

黎明張開眼睛望著我
我試著唱出鈴蘭的初聲
垂掛飛瀑是山上積雪的心跳
一道道溪流縈繞在老鷹飛行的山谷

傾聽你漸近的腳步聲
迅即從湖中汲取破解寒冰的力量
昔日看不見臉的冰原
是浮現你身影的明鏡

你的光熱將黑夜驅到山的盡頭
藍天掩藏了星辰
看山樹不斷移轉
長滿苔蘚的山坡上馴鹿正嚙食羊齒蕨

萬里追尋抵達北緯71°
拉普人的帳棚在前方招手
看夕日突變為晨曦
我站在地平線與太陽平行

尼羅河印象

尼羅河滔滔地流著
是沙漠行旅尋覓的夢鄉
埃及因你而美麗
妳因埃及而不朽

尼羅河滔滔地流著
流逝了王朝歲月
也揭開女郎神祕的面紗
但見水鳥斜掠渡船輕唱

尼羅河滔滔地流著
彷佛訴説故事緣起
遥想母親印象種種
可是我永遠的生命之河！

訪希臘神殿

雖然只是斷垣殘柱
卻與美麗的故事永垂不朽
牧神的午後
西風吹過樹林
橄欖樹下詩情正在舞動
河流在陽光下閃閃發光
阿波羅彈奏美妙的七弦琴

驀地，廊柱那兒傳來高談闊論聲
蘇氏師徒正在滔滔雄辯呢！

也唯有這碧海青天
讓真理愈辯愈明
雖然只是斷垣殘柱
卻與聖哲的明言永垂不朽

絕響
——觀印象畫作有感

當號聲扼止　在
敵人的箭頭
縈繞山谷的迴音成為
永恆的絕響
克拉克的城堡
日日
重複悲壯的一幕
於是日日
點燃愛國的熱情

隨著信鴿與氣球
升起並展翅
飛翔

莫斯科地下鐵

我的孔雀王朝
雖深藏地底
卻聲明遠播令人嚮往
我擁有尊貴的孔雀石雕
有雀屏閃現耀眼的彩繪　以及
皇冠般輝煌的的燈飾

儘管三分鐘一班的列車
若千鈞之弩疾速穿梭
如此歷經滾滾時間洪流

轟轟貫耳聲浪
我仍舊是屹立不移的藝術宮殿
人生上上下下無數個小站
似那行行羅列的白揚
黯淡一式的深藍布衫
激不起一些波瀾
但是你一定記得　記得
我是永遠的孔雀

金字塔

風沙湮滅了歲月的痕跡
金字塔走出歲月的陰影
為了追求生生世世的不朽
金字塔堆砌至最高點
頂著太陽光茫四射

曾幾何時
木乃伊存放博物館
法老王已寫進歷史
未解的來生

隨著金字塔成為
沙漠的祕密

內蒙喜雨

法輪轉動
啟開天地密碼
雨水降臨險山南北
蟈蟈蝗蟲收斂行腳躲回孔穴
乾涸小溪漲滿水流
可愛沙蔥迅速長高
帶有黃土芬芳的青草地
羊咩咩嗅得一身泥
向日葵陷入雨的迷思
流露怯怯的嬌羞

帶尾的蒙古文字
跳脫出一隻隻小恐龍
瞪眼直問
天為何突然下雨　而
我的先祖又為何突然消失？

九份訪古

將石磨的歲月鋪陳
一條悠悠的
通往思古之曲徑

礦坑口的便捷車
承載無數黃金年華
輾碎多少淘金夢幻
曾幾何時
一切的
繁榮與滄桑

美麗與哀愁
終究都睡成
一座座的廢墟

寂靜的廢墟
帶一分失落佇立著
卻不禁令人盤桓留連
那一步步的腳印
綿延成歷史的軌跡

綠島

「這綠島像一隻船
在月夜裡飄呀飄」
遠處傳來漁舟晚唱
我繼續追尋星圖的奧密
日復一日
月桃的芬芳安慰旅人愁思
只是起落的潮汐
頻頻催我入夢
「這綠島像一隻船

在月夜裡飄呀飄」
載沈載浮
任憑天風海雨澆息那狂飆的氣燄
日復一日
山巖高高迎來夕照的溫柔
回首向來驚濤駭浪處
無風也無雨

觀音自在躺著（淡水碼頭）

夕陽與我之間
一條眩目曲折的路

觀音自在躺著
遼闊水面
渡船走了又來
載來歸人
載走離人
在水和天之間

你瞇著雙眼長睫閃亮
渡船溶入殷紅夕暉
原有波動已緩
仰面觀音還是不動不語

出走的眼睛

都市的水泥叢林
藍天擠成了碎片
不斷滋生的煙塵
染污原來的純白
紛紛出走的眼睛
流浪到海邊
隨高低起伏的波濤翻滾跳躍
乘浪花之翼舞向天空
強風吹散沾惹的塵埃
淚水洗淨內心碰觸的傷口

然後一隻、兩隻、三隻數不清的眼睛
躺在大大小小的石頭上　成為
一目人、深目人、多目人……
更有趺坐成觀音

後記：於花蓮海邊撿石，發現有一目、二目、三目……聯想
山海經中所記述一目人……多目人

震醒的夜

震醒的夜
跌入思想斷層
路走進迷宮
我像獸檻裡一頭困獸
俯首聽任不可預知的未來

搖晃的屋子　搖晃的心靈
人生千條萬條軌道瞬間拉回原點
讓時間與生命賽跑　即使
門不是門　窗不是窗
晨曦總會探訪在暗夜之後

大年初三凌晨一聲巨雷響

夜半一聲巨響
天門大開
閃電擦亮惺忪睏眼
細數五十個年頭
不是堆疊的積木
倒像一層層迴旋的音樂階梯迎向天門
唱一段生命之歌
冥想飛天漫舞其間
不意瑞香飄來
縈繞我靜坐的斗室久久不散

而香氣自會淡失
我終究無法挽住
最惦念的父母
最難捨的戀人
終究告退我的職場
終止上班族的生活
「阿含經」說：「此生故彼生，此滅故彼滅」
時間輪軸推我走向新世紀
如同五十年前子宮之門敞開
推擠一個嬰兒誕生……
日夜轉換之際一聲雷
天公地母行禮如儀
又是新的一天

寒山鐘聲

寒山鐘聲
是遊子未眠的夜
晦暗的星兒
終究迷失於茫茫水面
只是今夜
那詩歌反覆吟唱呀
內心也隨之迴盪不已
間或傳來的鐘聲
亦由飄渺而渾厚
彷彿來自故鄉的呼喚

催人歸去
失措的我連忙上炷香
祈求一份靜謐與祥和
且看霧氣漸漸消散
星兒自會浮現水面
而遊子即將夢醒於
寒山晨鐘

指壓

像是梳理一頭
糾纏的亂髮
有時牽動髮根的劇痛
可是響自內心呼喚

待我梳開雲絲　那
無法觸及的傷痕
再次重現的夢魘
都爬上身來
接受我溫柔的撫慰

輕輕的！
輕輕
你睡成一片幽靜的湖

當你痛苦時

當你痛苦時
飛成超然的天使
俯視蜷曲的肉身
讓它慢慢平息

當你痛苦時
沈浸於卸下武裝的靜寂
虎視的巨獸
就讓它漸漸遁形

當你痛苦時
讓自己修成一朵燦爛的蓮
所有的幻滅都轉過身來
接受我輕撫的溫柔

關渡遊

七星山上陽光未曾燃燒
小溪流也未曾捎來燃燒的楓葉
白色空心菜花仰臉傾聽我
唇邊輕舒的氣息
飛鳥在綠色水田撇上幾筆行草
發出一個象徵的符號
微笑拉長田間小路
我愈走愈快　愈走愈快
涼風迅速伸長觸角引我入懷
我戀愛著自己疾行如風

逝情

隰邊的水鳥
頻頻回顧對岸
西天一抹殘紅——
落日彌留時隱現的浮光
如此纖薄而微弱

原先焦急熱切的盼望
漸次冷卻成一道
蜿蜒的波痕
似那小舟輕輕划過
又如飛霧般迷茫……

車站

回到昔日告別的車站
重溫我短髮黑裙的青春
當年滿懷夢想
似乎每班車都盛載
一幅幅美麗的遠景
別離熟悉的人群
無寧是海闊天空的自在

車子離站又進站
行旅潮來又潮去

車站始終默默地
笑看人生
熱鬧又孤獨

關懷泰北

不用遮掩
勇敢地揭開面紗
宿命的女人
赤身以候
戰爭歸來的男子

此間只有性別
延續者古老的命運
彷彿難解的詛咒
難以抗拒的蠱惑

只能默默承受無盡的摧殘
別再卑屈，別再自慚
奮力將自身贖回
唯有捱過幽冥深淵的夜
自然露出曙光

震成飛翔的羽翼——給飆車族

當車輪滑出跑道
又是一件噩耗傳來
卻無法驚醒頑亢的頑心
「別人敢
為什麼我不敢！」
如此你繼續追逐
賭命的飆車

觀衆由四面八方湧來
追風少年猛加油門

將把手震成羽翼
縱橫飛翔
沒有路標
沒有號誌
沒有軌道
也沒有未來
終究灑上鮮血　成為
自己的祭品

擁抱猴子

畢業典禮後
老師擁抱了一些僵硬的木頭
他們平日很乖不吵鬧　也
擁抱了一些猴子
他們雖然頑皮卻很溫暖
老師想了又想
平日自己的臉上
是不是掛著
塑膠花的笑容

當秋風起兮

太陽正海浴起身
緩緩登岸
燕兒驚呼桂子飄香
匆匆掠過
一樹楓葉繼續燃燒
蔓延我心
但見紙鳶飄在半空
隨它飛去

詩的小語

一

上山的路有芒草，
　　也有紅櫻
戀愛的旅途有相思
　　也有驚喜。

二

一本書的誕生，如
花之綻放

蝶之破繭
經歷無數情感的累積與釋放

三

儘管為情所困　為愛所苦
仍然甘之始飴　只因
一路的荆棘　不啻是
藏於我胸中的玫瑰

附錄

油桐花飛舞

談眞

台北近郊新店、三峽地區是油桐樹廣植之地，每年在四五月間油桐樹開一撮撮細小的白花，遠看似一隻隻白鷺鷥棲息在樹上，呈現恬靜、祥和的景象，待清風吹越，油桐花隨風飄舞，旋成一個芭蕾舞者，然後悄悄靜止於大地，如此以其色澤、姿態，贏得了「五月雪」的美稱。

沿著山路前進，愈來愈靠近樹之所在，聽到水流潺潺放眼望去，油桐花飄落在溪澗上，猶如一支支小花傘，帶著溪水流到濃蔭深處。

終於來到油桐樹夾蔭的石徑上，不啻是花兒砌成的香階，不禁令人思想起李後主「衩襪步香階……」的詩句，忙不迭地將鞋子褫掉，不是學古人行徑，實在是捨不得踐踏呀！且俯身捧起滿懷的溫柔。

油桐花隨風輕輕地飄落，落在枯枝上，枯枝開了花，落在蛛網上，蛛網了花，油桐花妝點了枯索的世界，一切腐朽都顯得生意盎然。

站在花樹下良久，凝視著花之落，有如天使降臨般，稍一點化，世界就充滿生機與樂趣，我們不是天使，但只要具有愛心與同情，一樣的可以使枯木逢春，想著想著自己也飄然如花，未想，唇一樣的花瓣，吻在花一樣的唇上。

油桐花飄之美

——析讀中和國中談美華老師的短詩〈油桐花〉

一信

自從「人間四月天」文藝電視連續劇受到歡迎以來，徐志摩的詩，也再度受到人們重視，連帶地，唯美、浪漫的詩，也受到了大家的注意。在臺灣，愛寫「唯美」詩之詩人不在少數，女詩人尤其多。

最近讀到新出版的《乾坤詩刊》第十五期，由執教中和國中的談美華老師所寫之〈油桐花〉一詩，有一種特別的美感，現將全詩錄寫如左：

油桐花隨風輕輕地飄落
落在溪澗上
一支支小花傘
帶著溪水流到濃蔭深處
落在上山的小路
我俯身捧起滿懷的溫柔
油桐花繼續隨風飄落
落在枯枝上
枯枝開了花
落在蛛網上
蛛網開了花
拂過捲曲的髮梢
彎彎的月眉
細密的長睫

唇一樣的花瓣　吻在
花一樣的唇上

落花飄零，本來是淒楚或哀傷的意象，但作者卻以另一角度，用白描手法，描敘油桐花的飄落，描繪出了一幅幅的畫面與場景。而且是一個場景連接著另一個場景，一個場景比一個場景更美、更吸引人。詩人首先以油桐花作小花傘的形象，飄落於溪澗，流到濃蔭深處。於是，一幅有山有水，有樹有蔭，溪水上飄浮朵朵小花的美景，呈現在大家眼前了。接著詩人再用油桐花落滿在山徑小道上，一位愛花愛詩的淑女，憐愛地捧起落地之小花，這是多麼優美的一幅畫面呀！接下來更用生花妙筆，描繪出花落在枯枝上，枯枝馬上就開了花，顯出了盎然生意·，花落在蛛網上，醜陋的蜘蛛網馬上掛花結綵般美麗起來了，眞是化腐朽爲神奇呵；花再飄拂過有捲曲秀髮、月眉、長睫毛之娟秀淑女面前，那如「唇一樣的花瓣」飛吻在她「花一樣的唇上」。這又是一幅生動又美好的畫面，是以飛花、美女、情、意融繪成的美麗畫面，並以之作爲這首詩的結尾，運用得非常恰當。這首詩充滿了美感與優美情調，尤其最後的兩行詩之詩語言的運用，又巧妙又馨美，眞太好了。

作者以唯美的觀感，柔美的筆觸，創造出一處處美好的幻境，讓讀詩的人在美好的境界中陶醉、快樂，同時也欣賞了一首非常優美的詩，作者的才華與營構美境的詩藝技巧，都是值得讚佩的。

風車山（找尋唐吉訶德書中之巨人）

談　眞

頂著西班牙熱情的太陽，耳際迴盪「卡門」浪漫的節拍，我們的觀光巴士越過一個山頭，遠遠的浮現一座、兩座……白色主體的風車，車子漸漸駛近，山丘上一排聳立的風車跟我們召喚著：這位於西班牙中央高地，馬德里西南方的 consuegra 拉曼查·康斯佛格拉，夢幻的、諧趣的風車山所以馳名國際間，主要由於塞萬提斯的諷刺騎士小說——唐吉訶德，書中以風車爲巨人之變身，成爲雲遊騎士欲大力剷除的邪惡勢力。

帶著夢幻與理想，唐吉訶德踏上他的騎士之旅，而轉動的風車一直活在我的夢鄉，登上塞萬提斯寫作的場景，懷著憑弔古戰場的心境，聳立的風車，散落整個山頭，看到風車高大的白色主體與交叉成十字的四片扇葉，無怪乎作者將之連想為巨人的身軀以及長達二里的手臂，經風一吹扇葉揮動，清瘦的康吉訶德騎著他的駑馬向巨人撲了過去，立即被風車的翼翅掀倒，連人帶馬摺倒在地翻滾了幾圈。

騎士為正義而戰的精神是可愛的，只是往往與現實衝突，變得滑稽，但其拯救苦難、糾正世人不公不義的大無畏精神，著實令人褒揚。落到現實層面，風車是自然的產物，人無法與之對抗，同時風車亦無法抵擋烈日強風自然的摧損，終究殘毀不堪，多處昔日高揚的翅翼，現已頹然歇下。

人類靠思想創造生活，站在風車山上，讓夢想與現實接軌，遙想當年塞萬提斯留連於此，讓思想的羽翼飛翔，漫步於作者曾經走過的故事背景，高地的風力如此強勁，儼然與之展開一場撕扯對抗，不想類似唐吉訶德的遭遇，趕緊躲進風車主體內部，笨拙的石磨依然蹲在裡頭。隨著時代的流轉，石磨失去以往的實用性，成爲舊日的風景，駐足於此沈思，人類因夢想而偉大，被生活遺忘的石磨，憑靠想像活出自己，繼續守著風車，傾聽風在窗口狂嘯著，一陣一陣去了又來，千回萬回，總會輪到扣人心弦的馬蹄聲吧！駝負麥香的馬蹄，以及唐吉訶德那匹駑馬呀！

國家圖書館出版品預行編目資料

出走的眼睛 / 談真著. -- 初版. -- 臺北市：文史哲,民 92
面： 公分. --（文史哲詩叢；54）
ISBN 957-549-500-4 (平裝)

1.

851.86 92003407

文史哲詩叢 ㊹

出走的眼睛

著 者：談 眞
出版者：文史哲出版社
http://www.lapen.com.tw
登記證字號：行政院新聞局版臺業字五三三七號
發行人：彭正雄
發行所：文史哲出版社
印刷者：文史哲出版社
臺北市羅斯福路一段七十二巷四號
郵政劃撥帳號：一六一八〇一七五
電話 886-2-23511028・傳真 886-2-23965656
實價新臺幣二八〇元
中華民國九十二年（2003）三月初版
中華民國九十二年（2003）八月再版

ISBN 957-549-500-4